Todos los libros de Linkgua Ediciones cuentan con modelos de Inteligencia Artificial entrenados por hispanistas. Pregúntale al chat de tu libro lo que desees acerca de la obra o su autor/a.

Para ebooks: Accede a nuestro modelo de IA a través de este enlace.

Para libros impresos: Escanea el código QR de la portada con tu dispositivo móvil.

Obtén análisis detallados de nuestros libros, resúmenes, respuestas a tus preguntas y accede a nuestras ediciones críticas generativas para una experiencia de lectura más enriquecedora.
La transparencia y el respeto hacia la autoría de las fuentes utilizadas son distintivos básicos de nuestro proyecto. Por ello, las respuestas ofrecen, mediante un sistema de citas, las fuentes con las que han sido elaboradas.

El ABC al Pueblo de Cuba

Manifiesto-Programa

Jorge Mañach

Joaquín Martínez Sáenz

Francisco Ichaso

y Juan Andrés Lliteras

El ABC al Pueblo de Cuba
Manifiesto-Programa

Barcelona 2024
Linkgua-ediciones.com

Créditos

Título original: El ABC al Pueblo de Cuba. Manifiesto-Programa.

© 2024, Red ediciones S.L.

e-mail: info@linkgua.com

Diseño de la colección: Michel Mallard.

ISBN rústica ilustrada: 978-84-9007-140-3.
ISBN tapa dura: 978-84-1126-702-1.
ISBN ebook: 978-84-9007-663-7.

Sumario

Créditos   6

Brevísima presentación   9

Advertencia   13

Antecedentes   15

El problema cubano   21

A. Causas económicas   23
   El cubano, desplazado de la riqueza   23

B. Causas políticas   35
   (a) Tradicionales   35
   (b) Institucionales   37

III. Cómo operan estas causas   43

IV. Los remedios   59
   (a) Medidas económicas   61
   (b) Medidas políticas   63

Libros a la carta   73

Brevísima presentación

Redactado en 1932 por Jorge Mañach, Joaquín Martínez Sáenz, Francisco Ichaso y Juan Andrés Lliteras, algunos ven en este documento, clave en la historia de Cuba, la influencia del *Manifiesto fascista* de 1919, obra de Marinetti y Alceste de Ambris.

El ABC contó entre sus miembros con hombres de negocios, periodistas y políticos relevantes y fue, entre otras cosas, un movimiento violento y nacionalista. Sin embargo, Mañach negó una y otra vez tales acusaciones y centró su pensamiento político en la denuncia de los males republicanos y en una relación pragmática con los Estados Unidos y vigilante de la soberanía nacional.

Bastan unos pasajes del *Manifiesto* para entender el programa del ABC en el contexto de la República cubana:

> Hay poblaciones cubanas, como Banes, en Oriente, enclavada dentro del feudo de la United Fruit Company, donde no se obedece más ley que la que impone el administrador norteamericano: donde las autoridades cubanas son vasallos suyos; donde todos los privilegios municipales les están reservados a los residentes yanquis; donde el cubano es tratado como un ciervo de la gleba, y hasta le está prohibido, a determinadas horas, el acceso al centro urbano.

Y no es casual que en Banes y sus inmediaciones creciera Fulgencio Batista, y amasara su fortuna Ángel Castro, el padre de Fidel de Castro, entre algunas de las más prominente familias cubanas.

Tras una lectura de este documento se perciben los cimientos mal construidos de la República Cubana y la compleja relación de Cuba con los Estados Unidos de América. Asimismo aquí se esbozan políticas que serían adoptadas en la *Constitución cubana de 1940*, de la que fueron firmantes Mañach, Ichaso y Sáenz.

El *Manifiesto del ABC* fue redactado por miembros de la derecha histórica cubana, sin embargo, cabe señalar su énfasis en la distribución igualitaria de la riqueza y en el soberanismo.

Advertencia

Este Manifiesto expone en líneas generales la ideología que ha servido de base y de lazo de unión al ABC. El programa que a continuación se presenta, aunque derivado directamente de ese ideario, tiene un carácter provisional, en el sentido de estar abierto a posibles rectificaciones futuras, cuando las circunstancias permitan someterlo a una Asamblea General del ABC. Asimismo, debe tenerse en cuenta que dicho Programa, no pretende cubrir todo el campo de una acción legislativa renovadora, sino que se limita, por el momento, a indicar las principales medidas o remedios contra el sistema económico y político que ha hecho posible la tiranía, y que pudieran ser objeto de adopción por una Asamblea Constituyente.

Finalmente el ABC declara que este ideario y programa, que tan netamente lo separan de los demás sectores actuales de la Oposición no obstarán para que el ABC coopere con estos sectores al objeto de derrocar el Machadato, ya que este propósito constituye la primera fase de la propia acción del ABC.

¡EL ABC, ES LA ESPERANZA DE CUBA!
¡JUNTOS TODOS BAJO LA BANDERA DEL ABC!

Antecedentes

1. Qué es el ABC. El ABC es una organización que aspira a efectuar una renovación integral de la vida pública cubana. Aunque ha surgido como una reacción contra el régimen tiránico que tiene sumida a Cuba en el oprobio y en la miseria, su propósito no es meramente acabar con ese régimen, sino también remover las causas que lo han determinado, y mantener efectivamente organizada a la opinión sana del país en una fuerza permanente para la realización y defensa de los intereses nacionales.

2. Quiénes constituyen el ABC. El ABC está abierto a todos los cubanos de buena voluntad y de manos limpias que no hayan perdido la fe en la posibilidad de redimir a Cuba para los cubanos, realizando los más altos ideales de la nacionalidad. Pero el ABC es característicamente un movimiento de juventudes, porque la evolución nacional de los últimos treinta años ha demostrado que una gran parte de los males de Cuba se derivan de que la generación del 95 ha secuestrado para sí la dirección de los asuntos públicos, excluyendo sistemáticamente a los cubanos que alcanzaron la plenitud civil bajo la República.

Después de cumplir, gloriosamente, su misión histórica, la conquista de la Independencia, esa generación tuvo que servir de puente entre la Colonia y la República. Pero desde sus primeros pasos en su gestión republicana, puso de manifiesto su falta de aptitud para la labor civil de organizar y defender el nuevo Estado. Impedida, por el mismo empeño libertador, de adquirir la preparación doctrinal y técnica necesaria; fatigada de la tensión ·política; minada por las rivalidades y por el espíritu de caudillismo que toda guerra de emancipación inevitablemente engendra, esa generación no ha sabido, ni en el Poder ni en la Oposición, organizar las defensas de la nacionalidad. Dominó, sin embargo, de tal modo el sistema político nacional, que los jóvenes admitidos a participar en el mismo, han sido únicamente los que se mostraron dispuestos a aceptar sus condiciones y a contagiarse de sus vicios, estableciéndose así una verdadera selección a la inversa: la selección de los peores.

Siendo, pues, imputable a esa generación el fracaso de la primera etapa republicana, un movimiento de renovación integral como el que el ABC representa, tiene que incluir entre sus propósitos fundamentales el de una renovación general de hombres. Hasta ahora, los cambios del personal político no han operado más que dentro de la oligarquía imperante, perpetuando el fracaso de ella y engendrando un escepticismo general frente a todo cambio de nombres. Convencido el ABC de que es necesario reaccionar contra este escepticismo y poner al servicio de Cuba criterios y voluntades nuevas, viene a afirmar sin rodeos que la generación del 95 está políticamente liquidada, y que es imperativo sustituirla, tanto en el Poder como en la Oposición, por las juventudes maduras republicanas.

3. Como surgió el ABC. Se intentó la organización del ABC, antes de Agosto de 1931. Al concretarse la intención revolucionaria que culminó en el movimiento frustrado de esa fecha, se desistió de llevar adelante la idea del ABC para evitar una escisión de las fuerzas oposicionistas frente a una acción que intentaba cumplir el primer requisito de nuestro empeño renovador: el derrocamiento de Machado. Ocurrido el fracaso de esa acción revolucionaria, se restableció la iniciativa del ABC y se comenzaron los trabajos para constituirlo y propagarlo.

Jamás se ha emprendido un movimiento cívico en peores circunstancias. Robustecido el Gobierno ilegítimo por un triunfo obtenido a poco costo; desanimado el espíritu público ante lo inesperado del fracaso y las circunstancias mismas en que se produjo; perdidos los recursos que aportó a aquel intento revolucionario un pueblo en la miseria; desacreditada, en fin, la Oposición por su aparente incapacidad para organizarse parecía inevitable la consolidación del régimen oprobioso. En tales condiciones inició el ABC la ardua labor de alistar hombres, establecer los métodos y conseguir los medios adecuados para la realización de su programa.

No obstante las dificultades inherentes al carácter secreto de la Organización y el espíritu de sacrificio que ésta exige de sus componentes, la iniciativa del ABC prendió inmediatamente, congregando entusiasmos, levantando una nueva fe y demostrando el ansia con que Cuba ha aguardado siempre una organización efectiva contra todo lo que ha venido corrompiendo la vida nacional. El ABC está todavía en su etapa inicial; pero ya solo los inconscientes desconocen la importancia de este movimiento, que ha echado raíces permanentes en aquel fondo de la opinión cubana adonde no han podido llegar ni la concupiscencia ni la cobardía.

Por encima del plan de acción del ABC, inspirándolo y rigiéndolo, ha habido una ideología perfectamente madurada; toda una interpretación económica y política del problema histórico de Cuba. Pudo el ABC, por consiguiente, publicar desde el comienzo esta ideología en un manifiesto. No lo hizo, porque entendió que después del rotundo fracaso que había sufrido la acción revolucionaria que se acababa de intentar, no se debía lanzar al desencanto del país una nueva protesta verbal, un «papelito» más, sin antes haber demostrado de un modo enérgico la capacidad para la acción, indispensable para hacer efectiva cualquier ideología.

Al año de haberse constituido, el ABC ha acreditado ya esa capacidad, contribuyendo de manera principal y decisiva a impedir que el Machadato se consolidase y que los usurpadores disfruten apaciblemente del producto de sus fraudes y sus crímenes. El ABC se siente, por tanto, autorizado ya para dirigirse al pueblo de Cuba en general, señalarle las causas de la situación miserable que atraviesa, y pedirle que engrose las filas del ABC y le brinde los medios de acción necesarios para lograr su objeto de renovación nacional.

4. Ideario del ABC. En las páginas que siguen se pondrán de manifiesto, con la brevedad indispensable en un documento como éste, las causas y condiciones históricas que, en opinión del ABC han determinado más directamente el fracaso de nuestra primera etapa de vida republicana. Asimismo, se expondrán los remedios principales que el mismo examen cuidadoso y competente de esas causas recomienda.

Enunciados de un modo general, esos remedios son:
HOMBRES NUEVOS.
IDEAS Y PROCEDIMIENTOS NUEVOS.
RECONQUISTA DE LA TIERRA.
LIBERTAD POLÍTICA.
JUSTICIA SOCIAL.

El problema cubano

El propósito del ABC es transformar radicalmente el medio público de Cuba, atacando la desmoralización en sus causas más profundas.

Estas causas son, en primer lugar, de orden económico; en segundo lugar, de orden político. Las analizaremos, con la brevedad a que obliga un Manifiesto de esta índole.

A. Causas económicas

El cubano, desplazado de la riqueza
1. Durante la primera fase de la colonia, el cubano fue sistemáticamente excluido de los cargos públicos; pero en cambio era dueño de la tierra y de la industria. El absolutismo político se limitó, en lo económico, a imponerle a Cuba un régimen onerosísimo de exacciones y monopolios; pero no estorbó que los hijos del país, por la misma fuerza del arraigo y de la herencia, se mantuvieran en posesión y dominio de las fuentes naturales de riqueza, señaladamente el azúcar, el tabaco, la ganadería y la minería.

Tan general fue este control por parte del cubano, que en parte explica la demora con que Cuba concurrió al sueño libertador. Comprendiendo el cubano rico que una lucha armada por la libertad política perturbaría su aprovechamiento económico, vaciló durante la primera mitad del siglo pasado entre sus intereses inmediatos y sus ideales; como el bienestar económico de que disfrutaba y el derecho civil que apetecía. Pero, al mismo tiempo, ese dominio de la explotación interna le permitió apreciar hasta qué punto el régimen español de monopolio limitaba, a la larga, sus posibilidades de aprovechamiento. Aspiró a obtener de España una representación política suficiente para la defensa y fomento de sus intereses, y cuando perdió la esperanza de obtenerla, optó por el separatismo. Vaciló todavía entre la solución anexionista y la independencia, decidiéndose al fin por esta última, que le pareció más viable y le brindaba más seguridades para el porvenir, siquiera fuese a costa de un mayor sacrificio inmediato.

Las luchas libertadoras tuvieron, por consiguiente, un fin principalmente económico; adquirir la independencia política necesaria para el desarrollo material del país. Se inició así en 1868 un estado de guerra contra la Metrópoli. Si bien esta fase tuvo solo tres períodos de actividad bélica propiamente dicha, todo el lapso de treinta años entre Yara y el combate naval de Santiago fue, económicamente hablando, un período de guerra.

Lo que caracteriza económicamente un estado de guerra es la perturbación que introduce en las actividades productivas de un país. Toda guerra requiere que la sociedad se organice con un fin combativo, que se sustraigan de las labores de la paz los hombres que van a pelear, y que los demás se cuiden de aprovisionar ese ejército. En 1868, Céspedes empezó por quemar su propio ingenio y poner en libertad a sus esclavos. Este acto inicial, así como la subsiguiente destrucción de Bayamo por los mambises, revela ese carácter de sacrificio económico que toda guerra tiene. Durante los diez años, numerosos terratenientes, propietarios de ingenios, ganaderos, sacrificaron su hacienda, unos invirtiéndola en la causa de la Libertad, otros abandonando sus explotaciones, ya para compartir los azares de la guerra en las filas insurrectas, ya por verse obligados a emigrar al extranjero. Este sacrificio no fue solo de los cubanos opulentos, sino también de infinidad de pequeños propietarios rurales, vegueros, sitieros, colonos, que abandonaron igualmente sus fuentes de subsistencia.

Ya al terminar la guerra de los Diez años, era evidente que, con ese sacrificio, el elemento cubano había perdido un terreno económico enorme. En cambio, el peninsular y el cubano integrista —que para el caso era lo mismo— se habían afianzado y extendido económicamente a costa de los movilizados, duplicando su medro con el aprovisionamiento del ejército español y con la misma falta de concurrencia económica del cubano en armas. Después del Zanjón, ese desplazamiento estaba ya demasiado avanzado para que el cubano pudiera reconquistar su terreno contra el recelo y la sorda enemistad del elemento integrista. De hecho, el cubano fue perdiendo más y más sus contactos con las fuentes de riqueza, y la guerra del 95 acabó de consumar ese desplazamiento.

Este proceso era inevitable. Toda guerra supone una perturbación semejante. Precisamente por eso las guerras se liquidan siempre con una compensación material adecuada para el triunfador. La paz exige la reconstrucción de lo destruido y la constitución de capitales que sustituyan a los que se consumieron en la lucha. Esta «desmovilización económica» es el problema trascendental que deja toda guerra.

El drama económico de Cuba dimana de que no se resolvió a tiempo el problema de la paz. Debido a la intervención norteamericana de última hora, Cuba no pudo hacer valer su autoridad natural de triunfadora al terminar la guerra; ni siquiera fue parte en el Tratado de París, que le puso fin. España no tuvo que pagar indemnización alguna, y los Estados Unidos se contentaron con el botín geográfico y económico de Puerto Rico y las Filipinas.

Gracias a la indiferencia de su accidental y poderoso aliado, Cuba se encontró, al sobrevenir la emancipación, con un ejército de veteranos desprovistos de todo medio pacífico de vida, con una legión de emigrados que habían perdido sus propiedades o el capital para explotarlas, con un territorio asolado y una población rural reducida a la miseria por la reconcentración, y con una clase media nativa totalmente desplazada ya por el peninsular y reducida a una condición parasitaria. A eso hay que añadir que la emancipación de los esclavos había aumentado en un tercio la población cubana menesterosa. Cuba había ganado su independencia política a costa de su independencia económica.

Se vio enfrentada con la necesidad de pagar sus propias indemnizaciones, sin contar para ello, con otros recursos que el derecho a recaudar impuestos y el dominio de las tierras que fueron de la Corona. Una parte del ejército licenciado y de los emigrados, encontró auxilio en los cargos públicos. Pero quedó la necesidad de proveer a la subsistencia del pueblo cubano en general.

La ocupación inicial norteamericana, demoró la resolución de ese gran problema, ya que el administrador yanqui no se preocupó de él, y la atención cubana se concentró en la ultimación del ideal político. Constituida la República, tuvo que atenderse a esa necesidad. Estrada Palma creyó hallar la solución definitiva pasándole sus haberes al Ejército Libertador, a cuyo efecto se decidió no obstante su política ahorrativa a concertar el primer empréstito norteamericano, ascendente a 35 millones de pesos.

Su efecto fue el de una llovizna en un campo árido. Esa inversión no podía ser por sí sola suficiente para restituir a la circulación los capitales destruidos ni darle oportunidad de trabajo a toda la población que lo necesitaba. Más eficaz hubiera sido invertir aquel empréstito en abrir caminos que hubiesen puesto en condiciones de explotación inmediata las tierras del Estado, distribuyendo éstas luego, y constituyendo una clase de propietarios rurales, con lo cual se hubiera cimentado sólidamente nuestra República democrática. Pero no se reparó en esa posibilidad, y esto, unido a la política ahorrativa de Estrada Palma, impidió que las dos conquistas realizadas por la República —los cargos públicos y los terrenos del Estado— se utilizaran desde el comienzo para resolver el gran problema económico.

El fracaso de esa política de Estrada Palma determinó principalmente la revolución que contra él se hizo y que bajo la apariencia de una simple rivalidad partidarista, respondía a la insatisfacción económica latente. Después de la segunda ocupación norteamericana, que volvió a interrumpir como la primera, la evolución natural de Cuba, José Miguel Gómez aprovechó la experiencia de Estrada Palma y trató de subsanar su error inaugurando la política de los altos presupuestos, que aspiraba a resolver el problema de la lucha por la vida del elemento nativo mediante el aumento progresivo y constante del número de beneficiados por el tesoro público. Este se convirtió así en la fuente artificial de sustento de un pueblo desvinculado de sus recursos naturales. La política de altos presupuestos se completó con la del despilfarro y el peculado, que eran su natural consecuencia.

Es evidente que, si bien esa política alivió momentáneamente el desvalimiento económico general, llevaba en sí el germen de su propio fracaso. Todo un pueblo no puede vivir parasitariamente. Las necesidades de la población no alcanzan a ser satisfechas con las dispensaciones del presupuesto, ni éste puede ser aumentado indefinidamente, ya que ha de responder a la capacidad rentística del país. La solución era, por consiguiente, artificial, ya que se limitaba a hacer desaparecer los síntomas del mal sin atacar su causa. Aunque cada vez eran más los cubanos que vivían del Estado, la situación económica general era cada vez peor. El déficit de cada liquidación presupuestal revelaba la necesidad de ajustar el presupuesto, reduciéndolo a la capacidad productiva del país, o aumentando la tributación; y cualquiera de las dos soluciones agravaba el mal en vez de remediarlo.

No obstante la evidencia de ese círculo vicioso, la pauta trazada por el primer gobierno Liberal fue seguida por los Conservadores, que tan rudamente la habían combatido desde la oposición. Era, en efecto, el recurso inevitable de gobiernos que no sabían resolver de fondo el problema económico. El pueblo, atento, a su necesidad inmediata, aprobó esa política derrochadora en tanto le alcanzaban sus beneficios; pero se rebeló contra ella cuando, lejos de extenderse al mayor número, redundó solo en provecho de unos cuantos privilegiados palaciegos.

A despecho de su hipócrita pretensión inicial de constituir un gobierno de «regeneración», Machado llevó desde el primer momento al extremo esa política de despilfarro y de imprevisión. El llamado cooperativismo no fue, en el fondo, sino el soborno de la oposición partidarista, extendiéndole las ventajas del Poder al mayor número posible de políticos, cualquiera que fuese su filiación. Frente a una depresión ya evidente en las actividades económicas, Machado extremó el derroche oficial. La Ley de Obras Públicas elevó a cifras fantásticas las erogaciones nacionales, con el aumento correspondiente en la tributación y en los márgenes de peculado. La Ley de los Concejales, la Escuela Técnica Industrial, el Código Notarial, la Ley de los Registros, fueron otros tantos modos de alimentar el número de los cubanos alimentados por el Tesoro Público. A medida que éste se ha ido depauperando por la depresión económica mundial y por las mismas consecuencias aniquiladoras de esa política de alta tributación, el Machadato ha tenido que ir restringiendo más y más su dispensación y concentrándola en provecho de unos cuantos compadres palatinos.

A reserva de puntualizar más tarde las consecuencias sociales de esa política de imprevisión y de ineptitud, que sustituyó el auxilio y defensa de los recursos naturales y reproductivos, podemos ya concluir que es la causa económica más importante de los males de Cuba. Mediante la perpetuación de su desplazamiento económico, el cubano ha venido a ocupar en la República exactamente la posición contraria a la que ocupó durante la Colonia. Entonces, los peninsulares tenían los cargos públicos, pero el cubano controlaba la riqueza. Hoy, éste solo cuenta con un botín presupuestal cada vez más exiguo, mientras el elemento extranjero domina nuestra riqueza natural.

2. Expuesto así en rápida síntesis la totalidad del proceso histórico de desplazamiento del cubano de su riqueza, volvamos sobre nuestros pasos para precisar ciertos aspectos.

Hemos visto que el Estado democrático liberal, producto de la revolución libertadora, ante los campos devastados, la caña quemada, los ingenios hechos ruinas, los cafetales y las vegas arrasadas y el cubano sin tierra, no tuvo, en lo económico, más que dos preocupaciones: la economía fiscal y el pago del Ejército Libertador. Disponía de las tierras realengas de la Corona de España, pero no se le ocurrió repartirlas entre los soldados licenciados que quedaban después de la guerra sin empleo ni patrimonio. Acudió al empréstito extranjero —que no pudo obtener sino a costa de dos tratados con los Estados Unidos: el permanente y el de reciprocidad— y gravó la República con una deuda que entre principal e intereses se calcula que le cueste 180 millones de pesos.

Este empréstito inconsulto marcó el inicio de la supeditación económica del Gobierno de Cuba al capital extranjero y despejó el camino para que invadiera sin trabas la tierra, la minería, las industrias, las riquezas todas del país.

Cuba se enriqueció pero el pueblo cubano no pudo ser partícipe de la valoración de esta tierra porque no era suya. Hemos tenido una nación de burócratas y proletarios en vez de una nación de propietarios, porque no ha habido una clase nacional usufructuaria de las riquezas del país.

3. La riqueza monetaria de Cuba, como su riqueza territorial e industrial, fue dilapidada y enajenada por la imprevisión e incapacidad de sus gobernantes. Perdimos en beneficio del extranjero nuestro stock metálico como habíamos

perdido nuestros campos y nuestros ingenios, en virtud de la política monetaria implantada por el general Menocal.

Los beneficios de la Ley de la Moneda Nacional de 1914, fueron secundarios e intrascendentes: solo sirvió para evitar el agio en los cambios y halagar el patriotismo mediante la circulación de un signo monetario con el escudo de la República. No realizó la emancipación monetaria del país, pues retuvo el curso legal de la moneda de los Estados Unidos. En cambio, se desmonetizó el oro español y francés, se prohibió su importación y se acabó por expulsarlo.

Durante la guerra europea el oro cubano tomó también el camino del extranjero. Apetecido por los países beligerantes y por su gran proveedor, los Estados Unidos, fue sustituido por billetes de este país. El Gobierno, que había provocado con sus restricciones la emigración del oro foráneo, no acertó a ver que desaparecía la base metálica de nuestro sistema monetario. Cuando lo advirtió fue tarde. El oro se había marchado de Cuba y desde entonces no se le ha visto en forma de moneda más que por rara excepción y en exigua cantidad.

Cuba ha tenido que conformarse con una moneda de papel, que en el mejor de los casos solo constituye un derecho a exigir oro, y las más de las veces no pasa de moneda fiduciaria sin otra garantía que la de la entidad que la emite. Y a esa moneda de papel le reconoce la Ley curso legal aun en los casos en que no lo tiene en su país de origen.

Esta monstruosidad económica —el curso legal ilimitado del billete americano y la expulsión del oro— ha colocado a Cuba a la merced de los vaivenes de la finanza de otro pueblo, consumando en el orden monetario la inferioridad política.

Cuba necesitaba y necesita banco nacional. En 1914 se le quiso dar moneda. La medida era incompleta y el resultado está a la vista: no hemos tenido ni moneda ni banca. Las pocas instituciones criollas de crédito llevan vida misérrima. La incuria gubernamental dejó liquidar y desaparecer las de alguna importancia en 1920. En cambio la banca extranjera se ha extendido tentacularmente. Dueña del crédito, lo ha sido de la producción y del comercio. Ha podido arruinar la actividad económica de los elementos del país y ha sabido aprovechar la crisis para hacerse dueña de las industrias y riquezas que quedaban en manos cubanas.

El Estado cubano, obedeciendo en apariencia a las determinaciones de sus productores ha ejecutado con docilidad el mandato imperativo del capitalismo extranjero. Así se ha constituido una corporación que rige la exportación del producto básico de la industria y la agricultura del país, compuesta de una mayoría de extranjeros. Así, manipulando las cuotas de producción de los ingenios a su antojo, una y otra gran compañía, atentas únicamente a las conveniencias de la racionalización productiva, han molido las correspondientes a varios de ellos, dejando cerrados a los demás y condenando, por ende, a la miseria a comunidades enteras cuyo único medio habitual de vida eran las labores en el central inmediato.

Nuestros gobiernos que no han sabido, por su inepcia y venalidad dar vida a una banca nacional; que han permitido que la extranjera se enseñoree de esta tierra, han descuidado hasta la elemental previsión de reglamentar su actividad y supervisar sus operaciones. Así un banco ha podido quebrar fraudulentamente por destinar la mayor parte de sus recursos a negocios personales de directores o accionistas, ante la indiferencia gubernamental.

4. La penetración del capital extranjero, propiciada por el Estado, ha completado el proceso de desplazar al cubano de la riqueza.

Esta penetración halla su manifestación más cabal en la extensión desorbitada del latifundio azucarero. Entre menos de 200 ingenios se encuentran distribuidas más de 170 mil caballerías de tierra. Y hay compañía extranjera que, por sí sola, posee cerca de 20 mil.

La industria de la fabricación del azúcar, ha implicado la constitución de un estado económico dentro del estado político, que ha anulado la autoridad de éste y sometido a su imperio la gran masa trabajadora cubana.

Los bateyes de los grandes ingenios son villas más importantes económica y a veces demográficamente, que los municipios que los circundan. Hay poblaciones cubanas, como Banes, en Oriente, enclavada dentro del feudo de la United Fruit Company, donde no se obedece más ley que la que impone el administrador norteamericano: donde las autoridades cubanas son vasallos suyos; donde todos los privilegios municipales les están reservados a los residentes yanquis; donde el cubano es tratado como un ciervo de la gleba, y hasta le está prohibido, a determinadas horas, el acceso al centro urbano. En los bateyes de los grandes centrales yanquis, las condiciones son análogas. El administrador norteamericano es un pequeño jefe soberano; la población criolla es una población de súbditos suyos.

En esos estados dentro del Estado, los ferrocarriles de servicio privado sujetan al señorío del Central los fondos situados en el radio que alcanzan, y hacen de los dueños de éstos siervos obedientes, listos a vender o arrendar al precio que se les fije; sin más alternativa que la sumisión o la ruina; y los sub-puertos son emporios privados y centros de contrabando, que colocan a la empresa en situación de competencia privilegiada en su zona, completando la acción nefasta del ferrocarril.

La racionalización de la industria azucarera se exterioriza en otro hecho: la importación de brazos baratos; y en una tendencia: la conversión de la caña de colonato en caña de administración, elementos ambos de desintegración de la economía y de la nacionalidad.

Si el proceso completa su ciclo ininterrumpido, Cuba se convertirá en un gran ingenio con población de negros antillanos, una corta burocracia nativa, un gobierno que reciba órdenes de Wall Street, y una bandera símbolo de su independencia.

Así los fines de la industria azucarera, han venido a ser, por tácita aceptación, los del Estado Cubano. Y estos fines solo miran al menor costo de producción y al mayor precio de venta, para lo que es menester mano de obra barata e integración de la industria. Que el obrero criollo quede sin trabajo o el colono blanco tenga que abandonar el pedazo de tierra para arrastrar su miseria en la ciudad, ¡poco importa!

B. Causas políticas

(a) Tradicionales

Entre los malos hábitos políticos que nos legó la colonia figura principalmente, el del absolutismo. España no se preocupó, salvo a última hora, de establecer en Cuba un verdadero sistema de gobierno; se limitó a un mero ejercicio del mando, con más o menos rigor, por los Capitanes Generales. Toda función de gobierno implica, según la frase justa de Martí «el equilibrio de los elementos naturales del país». La Metrópoli mantuvo siempre, respecto de la situación de su última colonia en América, una ignorancia escandalosa, que no se ocupó de vencer precisamente porque la dinastía reinante organizó su poder colonial con el solo propósito de explotar las tierras en su exclusivo beneficio y tenerlas sometidas indefinidamente a la Corona.

Fiel a estos designios, el Capitán General no era un gobernante, sino un simple mandatario con facultades omnímodas sobre la población de la Isla. Como apoderado de la Metrópoli, solo a ésta había de rendir cuentas. Entre él y la población de la Isla no había otras relaciones que las primarias existentes entre el que manda y el que obedece. Todos los derechos se concentraban en la mano del déspota peninsular, todos los deberes recaían sobre el pueblo sumiso. El mismo título de Capitán General era una alusión al ordenancismo militarista que inspiraba sus actos y a su desprecio por las formas armónicas y consultivas de la vida civil.

Desvinculado políticamente del pueblo, mandándolo «desde arriba», es decir, «desde fuera» en el uso de poderes incontrastables el Capitán General tenía como suprema aspiración la tranquilidad de la colonia y, como consecuencia, su principal y casi único cuidado era el mantenimiento del orden a toda costa.

Consecuencia natural de este mando inconsulto y prepotente, era la impunidad del que lo ejercía. Las responsabilidades del Capitán General respecto del pueblo de Cuba eran nulas por vicio intrínseco del sistema. Respecto del gobierno español su irresponsabilidad no era menor, en gran parte por la ignorancia y confusión que imperaban en los negocios de Ultramar. El Capitán General, como se ha dicho, no tenía prácticamente que rendir cuentas a nadie. Cuando el eco de sus desaciertos llegaba a la Península, el Rey lo destituía, pero ofreciéndole un nuevo título o una nueva condecoración. Mientras esto no ocurriera, el Capitán General se despachaba a su antojo, con el alarde y el cínico desenfado que da la impunidad.

Aunque más benigno, no nos dio mejor ejemplo el gobernador yanqui. En primer término, tuvo también el carácter militar de los Capitanes Generales. Arribó luego al país como un protector solicitado por éste y con la convicción de que venía a «meter en cintura» a un pueblo un poco levantisco y quisquilloso, pero moralmente inferior.

La tradición funesta de los Capitanes Generales y de los Gobernadores militares engendró hábitos de abuso en el gobernante republicano y de sumisión en la gran masa gobernada. El mal lo hemos palpado durante los años de vida independiente. Cada presidente de la República se ha creído un Capitán General rigiendo omnímodamente a una población de colonos. Al pueblo le ha faltado, así, esa educación cívica que caracteriza a las colectividades donde el concepto de servicio público está íntimamente adherido a la función de gobierno.

(b) Institucionales

1. Obtenida la separación de Cuba del poder político de España y convenida la Constitución de un Gobierno cubano, el problema que debía ser resuelto por los Constituyentes, formados por la plana mayor de los hombres del 95, era el de buscar un sistema, un mecanismo legal que evitara que los vicios políticos tradicionales que habían influido en el desarrollo colonial no tuvieran oportunidad de repetirse en Cuba. Como se ha dicho antes, tales vicios consistían en poderes excesivos, impunidad de los gobernantes y olvido de los intereses del pueblo. Para resolver este problema, tenían a su disposición los Constituyentes de 1901 el hermoso precedente del parlamentarismo inglés y francés, que habían logrado de un modo eficaz limitar las facultades excesivas del Poder Ejecutivo. Esa misma orientación tenía su arraigo histórico en la forma de gobierno de la República en Armas, que, celosa de los principios democráticos, llegó hasta destituir a su primer presidente, no obstante lo inoportuno de la medida en el período de lucha por que se atravesaba.

Los constituyentes de 1901, se dejaron seducir por el ejemplo norteamericano, y sin tomar en consideración las diferencias esenciales que existían entre el Estado Federal Norteamericano y la República Unitaria Cubana, copiaron la Constitución de los Estados Unidos de América. En esta Constitución, el Poder Ejecutivo es incontrastable; sus facultades exceden con mucho a las que corresponden a los otros poderes, que en cierta forma le están subordinados. La Constitución federal americana no puede ser criticada, sin embargo, por esta circunstancia: en aquel país, la soberanía de los Estados constituye un freno al abuso del poder del Presidente, que solo tiene atribuciones en los problemas nacionales.

Como hemos apuntado ya, en Cuba no existen Estados soberanos, ya que la creación de las provincias no es más que una mera ficción adoptada por nuestra Constitución por el espíritu imitativo que predominó en nuestros constituyentes; pero no hay analogía ni jurídica ni política, ni económica, entre el Estado americano y la Provincia cubana. Así pues la Constitución de 1901, creó un Poder Ejecutivo con facultades incontrastables. Al Poder Legislativo solo se le confirió el control de los fondos públicos mediante su intervención en la discusión y aprobación de los presupuestos nacionales. Únicamente esta facultad, que ejerce una vez al año, le da cierta paridad al Congreso con el Poder Ejecutivo. Es verdad que se reserva al Poder Legislativo la facultad de legislar. Pero no es menos cierto que las leyes no entran en vigor sino son sancionadas por el Presidente, a quien se le concede el derecho del veto. La opinión presidencial manifestada en un veto es superior, conforme a la Constitución cubana, a la opinión de las dos terceras partes de los miembros del Congreso. Además, el Ejecutivo tiene también, con ciertas limitaciones, el privilegio de legislar, en la llamada facultad reglamentaria, por virtud de la cual puede complementar las leyes que vote el Congreso y ordenar ciertas actividades dictando reglamentos, en los cuales se llega incluso a establecer penas de multa.

También está subordinado, pero de modo más directo que el Congreso, el Poder Judicial. Sus miembros los nombra el Presidente de la República, quien además decide de sus ascensos y retiros. En la Constitución el 1901 no se tomaron en cuenta los preceptos sentados por Montesquieu para la estructuración de una democracia. No existe la debida separación de poderes, ya que, como vemos, tanto el Poder Legislativo por el ejercicio del veto, como el Poder Judicial, en virtud de la facultad de decidir sobre los nombramientos, ascensos y retiros, están subordinados al Poder Ejecutivo.

No existiendo la separación de poderes, mucho menos puede haber el necesario equilibrio entre sus respectivas facultades para constituir el llamado sistema de frenos y contrapesos que ponga a cubierto al pueblo de los abusos de los poderes políticos conferidos a cada uno de estos organismos.

Resulta, además, como una de las graves deficiencias de la Constitución de 1901, la falta de todo sistema o mecanismo legal mediante el cual se le pueda exigir responsabilidades por sus actos al Presidente de la República. Se ha sugerido el sistema constitucional americano llamado de «impeachment». Esta institución es completamente exótica en Cuba. Requiere una tradición de responsabilidad política hondamente arraigada en la historia del país. En los propios Estados Unidos de América, no obstante su diverso desarrollo cívico, la institución del «impeachment», ha sido un fracaso, y solo por una vez se ha logrado la destitución de un Presidente. En Cuba, es un mecanismo perfectamente inadecuado. Si tenemos en cuenta que tanto el Senado como la Cámara son organismos políticos y que la mayoría de sus miembros proceden del mismo partido que eligió al Presidente, es preciso convenir que el Presidente es irresponsable y quedará impune por todos los actos que realice. Su impunidad es tan absoluta como lo fue la del Capitán General español o la del Gobernador Militar americano. Es posible afirmar más, y es que el Capitán General y el Gobernador Militar podían estar subordinados a la superior autoridad del Monarca o del Gobierno americano, respectivamente. El Presidente cubano no tiene que dar cuenta a nadie, su impunidad es más absoluta, por lo cual sus actos pueden también ser más inconsultos.

Existe en toda democracia bien organizada el sistema de la responsabilidad política en virtud de la cual el funcionario electivo tiene que responder de su actuación, no solo por los actos que puedan estar comprendidos en el Código Penal si no por los de orden puramente político. Estos sistemas tienden a convertir al funcionario electivo en servidor del pueblo, a cuya voluntad debe someterse. La Constitución de 1901 estableció el principio en los períodos fijos para los funcionarios electivos. No proveyó en forma alguna un mecanismo que permitiese subordinar la actuación del funcionario electivo al criterio de sus electores. Electo, el funcionario tiene la plena disposición de su cargo por el período que al mismo corresponda. Sus opiniones pueden estar en pugna manifiesta con las de la mayoría del pueblo. Los períodos fijos para el desempeño del cargo independizan al funcionario de los intereses de sus electores.

Las instituciones creadas por la Constitución de 1901 no han puesto freno alguno de índole local a la aparición de los vicios tradicionales contra los que luchó el pueblo de Cuba en su afán de constituir una patria libre. Por el contrario, es forzoso reconocer que establecieron un sistema que facilita la repetición de esos vicios, fue podemos sintetizar así: «Poderes excesivos, impunidad de los gobernantes y olvido de los intereses del pueblo».

2. Agrava este problema el sistema electoral en vigor. La elección de los Representantes a la Cámara se puede tomar como tipo. Los Representantes se eligen por los votos que se depositan en todos los municipios de la provincia. Su elección depende del factor del partido y requiere, por consiguiente, una organización que abarque la provincia entera, que ponga en movimiento un número extraordinario de votantes y en el cual los resultados de la elección en un término son contrarrestados o alterados por los de la elección en otro término. La elección por el sistema electoral vigente solo es posible en virtud de los partidos políticos. Ellos presentan la lista de sus candidatos, entre los cuales se ve forzado el elector a escoger sus Representantes. Electoralmente, un partido no

es más que una combinación de candidatos reunidos bajo un mismo emblema, que se suman todos los votos que reciben para darle el factor al grupo o partido.

El Representante por consiguiente, lo elige el partido y no representa a nadie, pues una vez electo no tiene que dar cuenta de su gestión, ni a los electores que votaron su candidatura, que no pueden ser precisados porque se pierden entre todos los barrios de todos los términos municipales de la provincia, ni a su partido, que no tiene poder coercitivo sobre él. Los partidos políticos se convierten así en los grandes electores. Suplen la facultad de elegir que la Constitución quiso darle exclusivamente al pueblo, y vienen a constituir verdaderas cooperativas de candidatos. Entre éstos, la necesidad de cooperación es tan esencial que desde los inicios de la República surgió la práctica de los llamados «refuerzos», que no es sino la combinación de los candidatos de un partido con los de otro para darse votos. Con el proceso de descomposición, que ha llegado a su colmo con el régimen de Machado, ya ni los partidos son grandes electores. Han sido sustituidos por las llamadas «piñas electorales», que no son otra cosa que el concierto o pacto entre candidatos de diferentes partidos para sufragar los gastos de la campaña y asegurarse los primeros puestos en la lista de candidatos de cada partido.

Tal sistema electoral viene a dar su resultado inevitable: el divorcio más absoluto entre el pueblo y sus gobernantes.

III. Cómo operan estas causas

No es necesario insistir mucho para mostrar cómo estas causas económicas, políticas e institucionales han determinado un proceso de depauperación en las energías y en las defensas cívicas del país, hasta culminar en la terrible crisis que hoy aflige a la vida nacional.

1. La supeditación cívica. Por lo pronto, esa dependencia económica en que el cubano se halla respecto del Presupuesto o del capital extranjero, ya sea una dependencia directa o indirecta, tiende a producir la indiferencia o la pasividad respecto a los asuntos públicos. En efecto, el hombre que no tiene intereses materiales propios, el hombre que vive solamente de servir a los intereses económicos de los demás, por ese solo hecho compromete también su independencia frente a los criterios o actitudes que amparen esos intereses. Sobre ser un esclavo económico, el empleado tiende también a convertirse poco a poco en un esclavo moral: un hombre cuyo juicio es libre solo hasta el punto en que no lesiona el interés del amo.

En Cuba, república joven, donde la conciencia cívica no está todavía protegida por esos respetos tradicionales a la libertad de opinión, la dependencia del burócrata llega fácilmente al grado de un sometimiento absoluto. La inconformidad, la simple diferencia de opinión, pueden implicar conflictos con el jefe burocrático, que generalmente es a su vez hechura o vasallo del jefe político de turno. Un pueblo de burócratas se convierte así, por ley humana, en un rebaño de carneros o de aduladores.

No sería justo, sin embargo, hacerle esta imputación exclusivamente a la sufrida y laboriosa clase burocrática cubana, que así y todo representa uno de los núcleos más sanos de opinión con que cuenta el país. Se puede y se debe extender la apreciación a todos los que, por la fuerza de las circunstancias, se ven obligados a servir a cualquiera de las agencias del capital extranjero en Cuba. Aún aquellas compañías que menos dependen del favor político para su explotación, ven con malos ojos, y a veces prohiben terminantemente, que sus empleados cubanos se manifiesten en el orden cívico. Aunque esas empresas son generalmente neutrales en cuanto a la política militante, sus intereses suelen ser contrarios a los intereses cubanos. Instintivamente, pues, amparan la corrupción de las esferas oficiales, que les asegura a ellas cierta impunidad en el abuso, y recelan, por consiguiente, de toda actitud de inconformidad política por parte de sus empleados. Al igual que los burócratas oficiales, los empleados del capital extranjero se ven obligados a aceptar la imposición más o menos directa, por lo difícil que les sería sustituir, con otros medios de vida, el puesto que ocupan.

Finalmente, es un hecho conocido que esa sumisión no se limita a los empleados menores del capital extranjero. Incluye también, de un modo más sutil, pero no menos efectivo, a la generalidad de sus servidores, por alto que sea su rango y por indirecto que sea su servicio. Pudiera ponerse un ejemplo harto notorio en el caso de los grandes bufetes de abogados que, para mantener suculentas iguales, venden su alma al diablo, llegando, como Antonio S. de Bustamante, hasta a frustrar una ley protectora de la economía cubana (el Proyecto de Ley Sanguily), o a propiciar una subversión constitucional ignominiosa.

Y es que la dependencia económica comienza por atrofiar la voluntad cívica y acaba por corromperla. Cuando no llega a ese extremo, engendra un hábito calculista de abstención de los asuntos públicos: el funesto «no meterse en política» que, so capa de pudor, ha sido muchas veces en Cuba, y sigue siéndolo, la máscara del miedo a verse perturbado en el interés privado. Como si hubiera intereses privados que pudiesen medrar de veras, o estar simplemente seguros, en un país cuyos hombres más capaces se vuelven de espaldas al interés colectivo.

2. El continuismo. La dependencia económica opera también directamente contra el civismo por medios de los cargos políticos electivos. En un país donde las oportunidades de vida holgada son escasas, el cargo político resulta extraordinariamente apetecible. Esto, ya de por sí, engendra una malsana avidez por ocuparlos y una disposición casi feroz a mantenerse en ellos, una vez, logrados. El encono salvaje con que se producen nuestras contiendas electorales, en que los candidatos suelen acreditar a tiros su «competencia» para el cargo a que aspiran, ha sido uno de los espectáculos bochornosos de nuestra vida republicana.

Desde luego, no se trata de un simple partidarismo apasionado, sino de una feroz disputa por la canonjía política que permite vivir cómodamente, sin mayores responsabilidades, y dar de comer a toda una clientela política.

Naturalmente, capturada ya la presa, es difícil hacerla soltar. El hombre que ha ocupado una vez un cargo público electivo en Cuba, no concibe retirarse a la vida privada. Se cree con un derecho vitalicio a su porción del Presupuesto, y mirará como un enemigo personal a quien aspire arrebatársela. Todavía podría darse por buena esta codicia, si lo incitase a conducirse rectamente en la vida pública, para justificar su perpetuación. Pero entre complacer a los electores y complacer al jefe político superior que controla las asambleas y que, en definitiva, puede prescindir del electorado, la elección para el supuesto mandatario no es dudosa. El jefe político es el agente del Presidente de la República, que tiene las llaves del Tesoro, y por tanto, las de una gran parte de la voluntad electoral. Como cambiar de amo es incómodo y riesgoso, los mandatarios apoyarán al Presidente, que por lo común desear continuar; y si no lo desea, le impondrán la continuación, venciendo sus escrúpulos.

Así se incuba, dentro de cada turno presidencial, el continuismo. La alternativa de los Partidos —antes de que Machado destruyera con su «cooperativismo» todo residuo de la voluntad democrática en Cuba— aseguraba cierto ritmo de variación externa en la política cubana; pero la dificultad con que se efectuaba la trasmisión de poderes —casi siempre señalada por una revolución, o un Golpe de Estado Electoral, o por ambas cosas— evidencia el carácter endémico del continuismo.

Para conservar los medios de vida que el Poder representa, todos los procedimientos se tienen por válidos, desde el «pucherazo», y la violencia electoral, hasta la solicitación del yanqui. En todos los períodos presidenciales, la tendencia continuista se asume desde el primer momento, preparándose el camino de la reelección o, al menos, el del control parcial de los Presupuestos; mediante alguna sórdida inteligencia con el sucesor.

3. El Ejército como instrumento. Como el Poder es una presa que se disputa, el gobierno de turno necesita organizar la mayor fuerza posible para defender su posesión. La función continuista crea y prepara así su órgano más ejecutivo: el ejército profesional.

No es posible definir el Ejército de Cuba sino como un cuerpo de hombres que se ganan la vida manteniendo el Gobierno por la fuerza. La sumisión con que aceptan esa función servil, es, a su vez, una consecuencia de la escasez de oportunidades económicas. Ser militar es, en Cuba, otro modo de vivir del Estado. Y no, por cierto, de los menos apetecibles, pues los gobiernos cuidan mucho de que el Ejército esté bien pagado y alimentado, y si el Presidente es un hombre a quien el pueblo aborrece y tiene bajo amenaza, su obsequiosidad para con el Ejército llega a ser asqueante cubriéndolo de toda clase de privilegios económicos, aunque el resto del pueblo se muera de hambre.

Cuba no tiene que defenderse contra un enemigo externo, frente al cual, en el mejor de los casos, ese Ejército sería ineficaz. Su misión queda teóricamente reducida, por tanto, a una misión policial. Pero es evidente que su número resulta excesivo para la protección interior.

Si tenemos pues, un Ejército hipertrófico, es porque responde a un fin inconfesable: sostener la imposición presidencial. La sola existencia de un Ejército semejante ayuda al continuismo, porque para expulsar a un usurpador, sería necesario contar con fuerzas que superasen las suyas. El Ejército, que presume de ser un cuerpo apolítico, un defensor de la Constitución, resulta de hecho un instrumento político de continuismo y de opresión.

Para estimularlo en este servicio, los Gobiernos lo llenan de privilegios, que alcanzan hasta la impunidad por los desmanes y hasta por los crímenes más repelentes. Arsenio Ortiz no es un engendro exclusivo de Machado. La arbitrariedad y la falta de escrúpulos le ganaron los primeros galones, bajo anteriores Gobiernos. Machado, que no ha hecho más que llevar al grado máximo todas las fuerzas de corrupción del país, hizo de Arsenio Ortiz uno de sus facinerosos oficiales. Después de haber asesinado vilmente, después de haber desacatado, escarnecido y amenazado a la magistratura civil, Arsenio Ortiz, continúa disfrutando de los favores del Tirano, y éste utilizando sus siniestros servicios con la tácita conformidad del Ejército a que pertenece.

4. El sometimiento del Congreso. Así protegido por el kaki, el Presidente queda en condiciones de disponer de los fondos públicos y de legislar a su antojo. El Congreso no le estor-

bará mucho esa libertad. El Ejecutivo se ha encargado de crear también el órgano mediante el cual podrá sojuzgarlo: La Lotería.

La Lotería en sí misma, como institución oficial, es una vergüenza. Solo la tienen aún los pueblos más atrasados civilmente. Soñando con una república ejemplar, Martí proscribió la lotería de la patria organizada del futuro, «por la debilidad que produce, en el carácter del hombre, la esperanza en otra fuente de bienestar que no sea el esfuerzo de su persona». Pero Martí no contaba con que, en la patria que él ayudó a hacer, los presidentes renegados de la manigua necesitarían de la Lotería para elaborar un fondo de reptiles. Al hecho escandaloso, que la Lotería es en sí, se une la estafa pública que supone vender los billetes con un recargo sobre el precio oficial, recargo que formará el provecho de las colecturías, cuidadosamente distribuidas entre los miembros del Congreso. Montada la vida de éstos a tono con esos ingresos, a voces fantásticos, que les producía ese aumento a su ya elevado sueldo y a los «gastos de representación» y otros emolumentos, el Senador y el Representante tiene muy buenas razones económicas para obedecer, sin chistar, al Presidente.

5. El sometimiento del Poder Judicial. Finalmente, el Ejecutivo, utilizando siempre en su provecho las necesidades del cubano, que le hacen aferrarse desesperadamente al modo de vivir conquistado, extenderá también su dominio al Poder Judicial. Los magistrados son nombrados por él. La Ley los hace inamovibles. Pero un Presidente sin escrúpulos —un Machado, por ejemplo—, podrá siempre ejercer sobre ellos toda clase de amenazas y de presiones indirectas; podrá hasta separarlos de la carrera, por un expediente amañado sobre el más nimio pretexto, o acusarlos simplemente de perturba-

dores de la paz pública, si cumplen demasiado molestamente su deber.

De este modo, el Presidente completa su control sobre los poderes del Estado. Utiliza la fuerza para imponerse al pueblo, y la corrupción o la amenaza para someter a los demás Poderes. Crea así las condiciones de impotencia y de abyección moral que la Tiranía necesita para perpetuarse.

6. La ofensiva a la cultura. Como la dependencia económica del cubano inficiona la vida nacional en su misma raíz, sus efectos alcanzan a todas las zonas de esa vida. Una de las más afectadas es la de la cultura, que es como la atmósfera de un pueblo.

Cultura y economía van mano en mano. A una economía parasitaria, corresponde una cultura también subalterna. No es una casualidad histórica el hecho de que el período más brillante de la cultura cubana —la época de los Saco, Luz y Caballero, Domingo Delmonte, los González del Valle, los Poey, etc.—, fuera el mismo período en que el cubano era dueño de la riqueza. Así y todo, era una cultura mediatizada por el despotismo. Pero, a medida que las luchas de emancipación fueron desvinculando al cubano de la riqueza, la cultura se resintió del triple efecto de la opresión, la actividad guerrera y el creciente desplazamiento económico.

En la República el proceso de empobrecimiento cultural es paralelo al de la enajenación de la economía cubana. Se difunde la enseñanza primaria; pero la cultura superior declina progresivamente. La Universidad, dispensadora y exponente de esa cultura, pierde prestigio y eficacia a medida que la invaden los arribistas intelectuales, que optan por ese recurso, para solventar su problema económico. Al mismo tiempo, la invade también la legión creciente de cubanos que recurren a las profesiones como modus vivendi. Se establece así un pacto de indulgencia entre los pseudo-profesores y los cazadores de diplomas. Los gobiernos corrompidos cooperan, por su parte, a ese desprestigio universitario. Necesitan que la Universidad sea una zona burocrática más, una fuente más de mercedes, y la utilizan para imponerle sus catedráticos «de dedo», desatendiendo a toda iniciativa de higiene o desarrollo académico, y negándose, como es natural, a concederle la autonomía, que destruiría ese control oficial.

El desprestigio universitario llega a ser tan bochornoso, que los alumnos más animados de espíritu público, no pueden ya tolerarlo, y se inician las protestas estudiantiles. Se limitan a lo académico, en un principio; pero pronto los estudiantes comprenden que el mal no está en la Universidad, sino en la nación, y su protesta se va extendiendo a todos los males públicos y tomando, por tanto un carácter político. Así se engendró ese movimiento estudiantil de largo alcance, que ha sido y está siendo bajo el Machadato, una de las páginas más brillantes de la historia cívica de Cuba. Cuando todavía la opinión pública asustada o alucinada ante las primeras usurpaciones del Tirano, no había reaccionado contra él; cuando todavía no se alzaba en los sectores políticos una sola voz de protesta contra la Dictadura; cuando se incubaba la maldecida Prórroga de Poderes, y cuando los mismos profesores universitarios, en gesto de cobardía o de servilismo, del cual les ha costado trabajo redimirse, le concedían grotescamente a un déspota semi-analfabeto el título de Doctor Honoris Causa, solo el Directorio Estudiantil del año 27, osó exteriorizar enérgica protesta. Desde entonces, la actitud combativa del estudiantado, orientada y mantenida por el Directorio del año 30, ha sido de una eficacia extraordinaria para levantar el espíritu público, y su valor, su entusiasmo y su abnegación les ha ganado para siempre la gratitud de Cuba. De esa vanguardia cívica cubana, la mayor parte ha engrosado ya las filas del ABC.

Los malos gobernantes, conocen el poder incontrastable del pensamiento y de la cultura y los persignen implacablemente, acosando a los escritores honrados, secuestrando, clausurando, e imponiéndoles como Machado, una censura constante y anti-constitucional a los periódicos, errando los centros de enseñanza, encarcelando o privando de recursos a los catedráticos; diezmando, sin piedad, a los estudiantes.

La despreocupación por la cultura ha sido una característica de todos los gobiernos que ha tenido la República. La instrucción pública ha sido, para ellos, un compromiso mal cumplido. Las escuelas han sido y son insuficientes en número y mal instaladas. Los maestros, una de las clases más nobles de la República, son también una de las más menesterosas. Se ha dejado así desprestigiar a tal punto la enseñanza oficial, que las familias cubanas pudientes no tienen más remedio que mandar a sus hijos a las instituciones privadas.

En éstas, el elemento cubano también es secundado. Los grandes colegios están en manos de órdenes religiosas, de composición principalmente extranjera que imparten una educación aceptable en el orden técnico, pero insuficiente y hasta perniciosa a los fines del robustecimiento de la conciencia nacional. No es probable, para poner un ejemplo simple, que jesuitas españoles o maristas franceses enseñen con simpatía lo que fue para Cuba el masón Céspedes, o el librepensador Martí. Una elemental precaución recomendaba y sigue recomendando una mayor nacionalización de la enseñanza.

En todas estas formas, por la acción y por la omisión de los Gobiernos, se ha ido creando en el país, el ambiente de utilitarismo egoísta, de cínica improvisación y de falta de responsabilidad moral y patriótica que contribuyó, con el desvalimiento económico del cubano, a debilitar el civismo. Así se hizo posible un régimen, como el Machadato, que asesina a los estudiantes, encarcela a sus profesores, cierra la

Universidad, amordaza a la prensa y entroniza en general la barbarie. El desplazamiento económico del cubano le pone en un estado de indefensión, frente a esa ofensiva general contra la cultura.

7. Machado, caso típico y culminación. Hemos visto como han operado las causas económicas y políticas indicadas para determinar, fatalmente, el proceso degenerativo, que ha venido sufriendo la República. Ahora veremos cómo se han acentuado esas causas, en el caso particular del gobierno de Machado.

Machado, es la culminación natural de ese proceso. Las taras con que nace la República, se manifiestan de un modo progresivo en todos sus gobiernos; pero al llegar al Machadato, el salto es tan brusco, que hay que buscarle, además de las causas históricas generales, otras más especificadas. Personalmente Machado es uno de los más acabados tipos del déspota hispanoamericano. Reúne todas las características biológicas y psicológicas de la especie: listeza y simpatía de pícaro, empaque de histrión, ignorancia osada, temperamento hipersensual, hábitos crapulosos, hipocresía radical, ambición de poder, de dinero y de honores, megalomanía sin límites, ausencia total de escrúpulos morales, vileza de espíritu, instintos sanguinarios, conciencia atrofiada de criminal nato. A un psicópata le sería fácil recomponer con estos datos la imagen física y moral de este «general degenerado» como, en memorable documento, le llamaron los intelectuales españoles. Apenas ocupó la presidencia en 1925, dio a entender Machado, de un modo encubierto primero, cínicamente después, su propósito de erigirse en tirano y perpetuarse en el Poder. Al principio, en efecto, sus maniobras se encubren bajo una mascara de regeneración moral y de fomento y estimulación material del país. Como todos los déspotas en ciernes, prepara ya las justificaciones externas de su despotismo. Se aprovecha de la fatiga de un pueblo, harto ya de gobernantes corrompidos y usurpadores, y elabora la promesa de la regeneración y de la no-reelección. Sabe que el pueblo anhela un empleo útil de los dineros públicos, y confecciona el aparatoso Plan de Obras Públicas.

Pero este Plan es ya uno de los andamios, de que se vale, para erigir la dictadura. La Ley de Obras Públicas, al crear fondos especiales cuantiosísimos de administración ejecuta, despoja al Congreso de la más fundamental de sus atribuciones específicas: la de autorizar y fiscalizar los presupuestos de la Nación. El congreso, asustado, alucinado y comprado con las colecturías, le da carta blanca al Presidente. Es el principio de la serie de concesiones, de renuncia de facultades, que ha de ir exigiendo progresivamente la Dictadura. Desde la Ley de Obras Públicas, el Congreso queda reducido a papel de comparsa.

Ya Machado pudo ir clavando más y más la garra, concretando la violencia. Uno de sus primeros actos de fuerza, fue el asesinato de Armando André, primera víctima de la libertad de opinión, bajo el régimen machadista. El pueblo no vio en este crimen más que la repugnancia del hecho en sí; le faltó sensibilidad, para apreciarlo como síntoma del grave mal que se cernía sobre la República. Luego, se ha visto que la muerte alevosa de André fue el primer jalón de una cadena interminable. A partir de ese momento, toda protesta, toda inconformidad, todo amago de rebelión fue cercenado del mismo modo artero, sanguinario y cobarde, a una simple orden del Presidente, erigido ya, sin disimulos, en Calígula tropical.

Siguiendo la técnica primaria, Machado se cuida enseguida de ganarse el Ejército para asegurar sus propósitos. El Ejército bajo su mando, se convierte en casta privilegiada. La oficialidad más adicta es distribuida en comisiones jugosas por todos los departamentos civiles del Estado. Se militarizan los institutos y el kaki se impone en todos los sectores de la Administración. De este modo la autoridad civil va siendo desplazada y sustituida por la autoridad incivil de los espadones, y el Jefe del Ejército, criado del Presidente, se convierte en el segundo ciudadano de la República.

No faltan oficiales decentes, rectos y sensitivos que repudian tal situación; pero Machado sabe que forman una minoría fácilmente acallable. La mayoría lleva su decoro en su estómago y se presta, sin escrúpulos, a servir de instrumento al tirano. Arsenio Ortiz, va al frente de ellos. Es el prototipo del militar que Machado codicia. No se trata de un hombre fanático, sino de un matarife profesional, que asesina por un estipendio, sin fijarse en la mano que le extiende la bolsa. A igual o parecida casta; pertenecen los otros jefes del Ejército, que no sienten reparo en ser compañeros del Chacal de Oriente. Su fórmula de estar con el gobierno constituido, no responde a un imperativo de lealtad, sino a una mera cuestión económica. El día que Machado no pueda pagarles sus sueldos, se rebelarán contra él, Ortiz el primero. Mientras disfruten de la más alta consignación en los presupuestos y sean los primeros en el escalafón de los cobros, le servirán como ruines lacayos.

No le bastaba, sin embargo, al Tirano la bochornosa incondicionalidad de un Ejército burocratizado y aguantón. Necesitaba además de elementos que clandestinamente sembrasen el terror y llevasen su fuerza intimidatoria hasta el seno de los más pacíficos hogares. Para ello instituyó la «Porra», bajo títulos pomposos: «Liga Patriótica», «Guardia Civil Nacional», «Milicias Nacionales», etc. La «porra» es otro sostén del gobierno: el de la delincuencia profesional. La «porra» no se ha limitado a atacar a mansalva a los miembros de la Oposición: se ha valido de su fuerza y de su impunidad para perpetrar toda clase de delitos vulgares, contra la propiedad y las personas. La porra ha practicado, en gran escala, todas las formas del «chantaje», ha saqueado comercios, ha allanado moradas, ha apedreado y ametrallado a hombres, mujeres y niños indefensos, ha colocado bombas, ha violado el derecho de extraterritorialidad de las Embajadas y Legaciones extranjeras, como en el caso de la de México que dio lugar a una enérgica protesta del Representante de esa nación. La «porra», en suma, actuando de común acuerdo con miembros de la Policía y el Ejército, ha creado el estado de terror necesario para justificar la suspensión indefinida de las garantías constitucionales, es decir para que Machado pueda disponer a su antojo, de la vida y hacienda de los ciudadanos.

Someter al Congreso fue una empresa más fácil y de índole puramente formal. Ya se le había arrancado la Ley de Obras Públicas. Después de eso hubiera sido más sincero —y más económico también—, suprimirlo de un tajo. Pero Machado gusta de mantener nutridas las filas de sus servidores e hizo, sin dificultades, del Senado y la Cámara, los más sumisos cuerpos de su lacayería. Contaba, en primer término, para ello con la «comida de las fieras», esto es, con las colecturías. Después, al renovarse ambos cuerpos colegisladores, llevó a sus curules a parientes, amigos y protegidos de toda su confianza. De este modo, se garantizó la servidumbre unánime del Senado y la casi total de la Cámara.

En este organismo, los representantes llamados «ortodoxos» crearon un pequeño, pero intenso foco de oposición. Este contratiempo sirvió para que Machado mostrase una vez más su propósito de no detenerse ante ningún obstáculo, para seguir tiranizando al país. Con objeto de asegurar la votación de una ley inconstitucional —la extensión del fuero militar— que había sido demorada por la oposición de los «ortodoxos», Machado ordenó al Jefe de su Servicio Secreto, que se constituyese en el Capitolio, con un grupo de porristas armados. Es el único caso en nuestra historia republicana, en que se ha vejado de tal modo, a una asamblea legislativa, arrancándole el voto, por la vía de la intimidación. Sin embargo, el Presidente de la Cámara, no se ruborizó siquiera cuando le refirieron el hecho. ¿Qué de extraño tiene que, después, fueran asesinados por la porra dos representantes de la Oposición, y la Cámara no enviase, siquiera, una conclusión de su seno al acto del sepelio?

A la Administración de Justicia, la atacó Machado por su flanco más débil: la cobardía. Nuestros jueces y magistrados, hombres, por lo general, laboriosos y honestos, son lamentablemente pusilánimes en el ejercicio de su delicado ministerio. Machado no vaciló en apelar a la amenaza para impedir fallos judiciales adversos y obtener decisiones favorables. En Oriente, Arsenio Ortiz intimidaba al Presidente de la Audiencia, colgando cadáveres de los postes del alumbrado más próximos a su domicilio. En La Habana el Secretario de Gobernación, acusó de conspiradores a varios magistrados porque osaban sustanciar los recursos de «Habeas corpus». Desde entonces, nuestra Audiencia, llena de pánico y sin preocuparse de que incurría en prevaricación, se abstuvo de diligenciar las solicitudes de «Habeas corpus», alegando pretextos ilegales y sutiles. Tales procedimientos de violencia, se hicieron extensivos a los defensores de la Justicia y del Derecho, y tuvieron su manifestación extrema en el encarcelamiento arbitrario del Dr. Herrera Sotolongo, como único medio de acallar sus alegatos, en defensa de la majestad de las Leyes.

La judicatura, no ha sabido mantener sus fueros frente a la presión machadista. Por esta causa, no podrá ser excluida a la hora, ya cercana, de las responsabilidades. No hay que olvidar que a la cobardía insigne de nuestro más alto Tribunal de Justicia se debió que el pueblo tuviera que lanzarse a una revolución suicida, defraudadas ya las esperanzas, que había puesto en la supuesta integridad de su magistratura.

En lo económico, el continuismo exigía el apoyo de la banca extranjera. Machado lo conquista mediante empréstitos a corto plazo y con jugosas comisiones, que dieron lugar a impuestos onerosísimos que desangran progresivamente al pueblo. Contra la voluntad de los hacendados y colonos cubanos, y aún a trueque de matar por hambre a las masas trabajadoras de los centrales azucareros, Machado acoge el Plan Chadbourne, que no tenía otra finalidad que resguardar las inversiones de los bancos extranjeros y cuyos funestos resultados, estamos ahora palpando. En momentos en que todos los países del mundo suspenden el pago de sus deudas exteriores, para satisfacer sus necesidades internas de carácter previo y perentorio, Machado prohibe insinuar toda idea de moratoria y sigue esquilmando al pueblo para poder pagar con puntualidad los intereses y plazos de amortización de los diversos financiamientos. Y es que no pretende otra cosa que perpetuarse en la detentación del Poder, aunque éste solo pueda ejercerlo sobre una muchedumbre desmendrada y famélica.

Al engendro machadista, han cooperado todas las causas enunciadas. Pero hay una que deliberadamente hemos dejado para el final. Nos referimos a la pasividad de las llamadas «clases neutras». ¿Cabe hablar de clases neutras, cuando hay un gobierno que encarcela y asesina a su antojo? ¿Es posible que un hombre decente permanezca neutral ante hechos de la naturaleza de los enumerados? Afirmamos que la abyección moral de los hombres prudentes, que no se atreven a abrazar, ni aún en los actuales momentos, la causa de la dignidad nacional, es más funesta que la de aquellos que cínicamente defienden a Machado. El «porrista» es un ser abyecto, pero irresponsable; en cambio, el hombre de cierta posición social y cierto desahogo económico, que se limita a defender sus intereses exclusivamente, es el gran criminal de esta hora. Permanecer indiferente, significa traicionar al pueblo. No sublevarse, en la medida de sus fuerzas, contra la barbarie machadista, equivale a tener alma de esclavo.

IV. Los remedios

Hemos tratado el cuadro de las causas y modos por los cuales ha llegado Cuba al grado de opresión y de ruina que hoy padece. Y acabamos de señalar la necesidad de que todos los cubanos honrados reaccionen, virilmente, contra un mal que se ha ido agravando progresivamente y que amenaza con destruir por completo la nacionalidad.

Es necesario, sin embargo, que esa reacción sea históricamente adecuada. Adecuada a las causas que la provocan y a las posibilidades de rectificación con que el país cuenta, dadas sus condiciones sociales, económicas e internacionales.

A las causas que hemos indicado anteriormente y de las cuales hemos subrayado mucho la principal: EL DESPLAZAMIENTO ECONÓMICO DEL CUBANO, corresponden otros tantos remedios que enseguida indicaremos. Pero antes, es preciso advertir que la forma y alcance de esos remedios están necesariamente condicionados por las realidades de Cuba, por lo que se puede hacer AQUÍ y AHORA.

El programa del ABC es, por consiguiente, un programa realista. En rigor, constituye lo que el mismo nombre provisional de nuestra organización sugiere: EL ABC DEL PROBLEMA CUBANO Y DE SU SOLUCIÓN. Esta simplicidad ha sido nuestro mayor empeño muchas veces, los pueblos no ven sus males claramente, porque no se les muestran en su verdadera raíz. El programa del ABC responde a una interpretación radical y directa de los hechos cubanos. No se trata de lucirse, desplegando una serie de medidas más o menos acreditadas por la ciencia o por la moda política, pero desentendidas de las posibilidades cubanas, que son en algunos aspectos sumamente primarias, ya que el nuestro es un país joven, donde todo está por hacer. No se trata tampoco de elaborar una solución a veinte años vista, sino para el futuro inmediato. No se trata de movilizar entusiasmos ingenuos, en favor de una solución que, por su extremismo, fuese en la actualidad ilusoria para Cuba. No se trata, en fin, de un programa que vaya detrás de ninguna etiqueta convencional.

El ABC entiende que los problemas de Cuba deben resolverse en Cuba, desde la realidad cubana, dentro de las posibilidades cubanas inmediatas. Labora para el porvenir pero no para un porvenir como pueda presentarse dentro de diez, o de veinte años, sino como se ve que puede ser desde ahora. En política, mirar demasiado lejos es tan peligroso como mirar solo a los pies. No sabemos adonde pueda la involución de las ideas y de las relaciones económicas y sociales llevar el mundo. Cualquiera que sea su rumbo. Cuba tendrá que acompasarse a lo inevitable. Pero lo inevitable AHORA es que somos una república americana joven, sin economía propia, situada, gústenos o no, dentro de la órbita económica y política de los Estados Unidos.

Esta situación condiciona y limita nuestras posibilidades mucho menos de lo que se supone; pero, ciertamente, hasta el grado de no sernos posible experimentar con la constitución básica de nuestra nacionalidad. Mientras los Estados Unidos se mantengan dentro del sistema social y económico que hoy les rige, Cuba no podrá salirse de ese sistema; cuando los Estados Unidos lo abandonen; Cuba no tendrá más remedio que abandonarlo. Pero el problema no se va a resolver aquí. Podemos y debemos aspirar a que, en Cuba, se vaya formando, previo el establecimiento de las condiciones necesarias para su formación, una conciencia pública informada de las orientaciones del mundo moderno y atenta a las oportunidades del futuro. Pero no podemos, ni debemos, confiarnos a esa aspiración, desatendiendo lo que ahora es posible y urgente hacer.

Con todo, se verá enseguida que el programa del ABC dista mucho de ser un programa LIBERAL, cuanto menos Conservador. Dominado todo él por un principio de determinismo económico —que las condiciones sociales y políticas de un pueblo son, en gran parte, el resultado de sus condiciones de subsistencia— el programa del ABC es, en muchas de sus recomendaciones, un programa sumamente avanzado. Pero no pretende ir más allá de las posibilidades reales de Cuba. No se hace ilusiones fáciles, ni busca concitar unas clases contra otras, en un pueblo donde todas las clases son, por igual, menesterosas y donde lo urgente es crear una fuerte cohesión nacional. No habla, en fin, de socializar totalmente una economía que está por conquistar.

Nuestro Programa está destinado, no a los sectarios fanáticos, ni a los enamorados de las formas espectaculares, si no a todos los cubanos que hayan meditado un poco sobre la realidad cubana y que, sobre todo, tengan un firme y vivo anhelo de salvar a Cuba. Se dirige, en fin, a los cubanos que están dispuestos a desarrollar una acción inmediata, eficaz y responsable.

(a) Medidas económicas

Para contrarrestar las causas económicas de la situación actual de Cuba, el ABC entiende que es necesario el rescate de la riqueza para la población cubana. A ese fin adoptará las siguientes medidas:

A. Fomento y protección de la pequeña propiedad rural, mediante una política de colonización interior.

B. Implantación de medidas que propendan a la desaparición gradual de los latifundios, tales como el impuesto progresivo sobre la tierra; la urbanización y municipalización de los bateyes de los ingenios; la conversión de los ferrocarriles de uso privado a fines de uso público; la prohibición de la inmigración de braceros —sustituyéndola en su oportunidad por la de familias debidamente seleccionadas—, y la reglamentación de los sub-puertos.

C. Limitación en cuanto a la adquisición del dominio de la tierra por compañías, y adopción de medidas que tiendan a la nacionalización de la misma.

D. Formación del catastro nacional.

E. Creación del «homstead», o patrimonio familiar mínimo, inejecutable y exento de responsabilidad por deudas, que asegure al campesino contra toda depredación.

F. Adopción de medidas que propicien la formación de cooperativas de producción, tales como la creación de un Banco Agrario, que refaccione dichas cooperativas.

G. Rescate de la propiedad minera concedida y no explotada.

H. Nacionalización de los Servicios Públicos que tiendan al monopolio.

I. Adopción de medidas contra los Trusts.

J. Promulgación de una legislación monetaria, que se ajuste a las necesidades económicas del país.

K. Promulgación de una legislación bancaria, adecuada para la protección del depositante y del crédito.

L. Fomento de la Banca Nacional, e instituciones nacionales de ahorro. Creación de un organismo de omisión. Constitución de reservas metálicas idóneas. Adopción de medidas en pro de una mayor elasticidad del crédito, haciéndolo accesible a los pequeños productores y estimulando la producción y consumo de productos agrícolas y las operaciones comerciales.

LL. Estimulación de la cooperación en la producción, el consumo y el crédito.

M. Reducción de los impuestos que graven las operaciones comerciales y organización racional de impuesto progresivo sobre la renta.

N. Protección a la pequeña industria y al comercio pequeño.

Ñ. Adopción de una legislación social avanzada, de protección al obrero; seguro contra la inhabilitación, vejez, muerte y desempleo; protección a las corporaciones y sindicatos; jornada de ocho horas; descanso periódico; regulación del trabajo de mujeres, niños y adultos; reglamentación de la contratación industrial; derecho de huelga; conciliación y arbitraje.

O. Promulgación de legislación que asegure la intervención preferente del cubano en las actividades comerciales e industriales.

(b) Medidas políticas

Para contrarrestar las causas políticas, que han engendrado la tiranía, se propone limitar las facultades presidenciales; establecer el sistema de responsabilidad de los gobernantes y fomentar, popularizar y nacionalizar la cultura. A ese fin cree necesarias las medidas siguientes:

A. La implantación de un sistema de gobierno que eluda los inconvenientes y deficiencias acusados por el presidencial y recoja las innovaciones y experiencias provechosas de otros sistemas.

B. Prohibición absoluta de delegación de funciones por el Congreso.

C. Sustitución del Senado por una Cámara Corporativa.

D. Limitación de la inmunidad de los congresistas a las opiniones y labores legislativas.

E. Supresión del voto al analfabeto.

F. Restablecimiento del voto femenino.

G. Reducción de los períodos de duración de los cargos públicos, con objeto de que se hagan consultas frecuentes al electorado.

H. Supresión de las Provincias.

I. Elecciones por circunscripción.

J. Robustecimiento y reorganización de los municipios, para que estos organismos presten los servicios públicos locales.

K. Definición constitucional de los delitos contra las libertades públicas y el derecho del Sufragio y prohibición de indulto o amnistía para los mismos.

L. Restricción del derecho de amnistía en general.

LL. Anulación constitucional de cualquier amnistía o de cualquier ley que directa o indirectamente beneficie a los que la aprueben.

M. Suspensión del período de prescripción para la persecución de delitos cometidos por funcionarios electivos mientras estén en el desempeño de sus cargos.

N. Creación de tribunales de responsabilidad política ante los cuales los funcionarios electivos, habrán de responder de los actos realizados en contra del programa conforme al cual fueron electos.

Ñ. Creación de tribunales que conozcan de los bienes de los funcionarios públicos, antes de que ocupen sus cargos y después que los abandonen.

O. Reorganización y ordenamiento de la contabilidad del Estado y los Municipios. Creación de Tribunales de Cuenta.

P. Supresión de la Lotería.

Q. Creación del Servicio Militar Obligatorio y desmilitarización de la Guardia Rural. Prohibición de la extensión del Fuero Militar a los civiles.

R. Independencia del Poder Judicial. Substitución de los Juzgados Correccionales por tribunales cuyos fallos sean apelables.

S. Fomento y difusión popular de la Enseñanza.

T. Autonomía Universitaria.

Estas medidas son las que el ABC propugna como indispensables para crear las condiciones económicas adecuadas y la ordenación política idónea, que son los supuestos necesarios de una renovación radical en la vida política cubana.

El ABC no pretende que tales medidas basten para regir indefinidamente la vida nacional. La historia de cada pueblo tiene infinitas vicisitudes, y toda ciencia política estriba en el saludable ajuste de las normas públicas a las necesidades variables de la realidad social. El ABC, no se encierra en los límites del programa que acaba de formularse. En primer lugar, ese programa es solo una relación de las medidas principales que recomendamos, y la base de toda una actividad legislativa complementaria. En segundo lugar, el ABC, admite la posibilidad de ir incorporando a ese programa fundamental las nuevas directrices que resulten de la experiencia y las que demande la voluntad de la Nación, democráticamente formulada.

Pero el ABC, cree firmemente que la realización completa del programa enunciado bastará para reencauzar la desquiciada vida nacional, para elevar el nivel y la eficacia de la gestión pública, para facilitarle al cubano una subsistencia individual que ha venido haciéndosele cada día más humillante y difícil, para abrirle al esfuerzo honrado vías de trabajo y de progreso, redimiéndolo de la servidumbre a la burocracia, al profesionalismo excesivo y al capital extranjero; para darle a la opinión pública y a la aspiración individual una participación efectiva en la conducta de los destinos nacionales; para asegurarle, en fin, a Cuba un gobierno apto y respetuoso, en un pueblo próspero y libre.

Como se ha visto, el programa del ABC, fundamentalmente económico por su interpretación del problema histórico cubano, no participa de la confianza ciega del viejo liberalismo en las ventajas automáticas que la democracia. Por su determinismo económico, representa una superación de la vieja fe democrática. Pero, al mismo tiempo, conserva, del ideal y de los fundadores, la firme devoción al principio de la libertad política, como fuente y norma del poder. Arrastramos del liberalismo esa conquista imperecedera, ese valor imprescindible al cual el pueblo cubano no sabrá renunciar, porque está todavía demasiado fresco en su memoria el recuerdo de la sangre que se derramó en la manigua para conquistar la libertad, y demasiado viva la angustia de estos días de oprobio, en que se ha visto privado de ella por un gobierno tiránico. La libertad civil, que Martí definió como el derecho que tiene todo hombre honrado a pensar y hablar sin hipocresía no solo es perfectamente compatible con todas las reformas de verdadera justicia social, sino que es indispensable para su realización, y esta esencia firmísima hace que el ABC, repugne por igual los dos extremos en que, con pretensiones de falso dilema, se manifiesta una parte del novísimo pensamiento político: el fascismo y el comunismo, sistemas que excluyen formalmente la libertad política.

El ABC, mantiene que solamente al amparo de una libertad política bien entendida, perfectamente acorde con las limitaciones que la ciencia y la experiencia social la imponen a la actividad del individuo, en el orden económico, podrá Cuba hacerse más digna más próspera, más rica en espíritu de justicia, más acogedora y respetuosa para todos los matices de la opinión y de la acción pública. Al ponerse el cubano en condiciones de independencia económica que le permitan expresar libremente su pensamiento, el instinto popular, bien dirigido, sabrá abrir cauces rectos a la vida nacional.

Pero esa liberación no será posible; mientras la voluntad popular continúe secuestrada por la oligarquía de aprovechadores sin escrúpulos que ha venido reduciendo al cubano a la pobreza y a la abyección. No solamente hacen falta en la vida pública cubana hombres honrados, sino también inteligencias nuevas y voluntades resueltas. La generación del 95 está agotada. Con el esfuerzo libertador rindió ya gloriosamente su tarea histórica y su continuación al frente de los destinos de Cuba, no ha hecho más que marchitar o salpicar de lodo los laureles de la manigua. Los hombres del 95, por su lastre de caudillismo y por deficiencia de capacitación que les impuso el mismo empeño guerrero, no han tenido ni el espíritu civil, ni la competencia doctrinal, jurídica y económica, indispensables para interpretar y satisfacer las necesidades de Cuba republicana. Al choque con realidades superiores a su aptitud, su espíritu público se fue desmoralizando, abandonándose a las tentaciones de la demagogia, del peculado y del despotismo.

Hacen falta voluntades y criterios nuevos. Hombres que no hayan tenido participación en el contagioso sistema, que hasta ahora ha padecido la nación. Hombres que no estén minados por el cinismo, ni por el derrotismo; que crean en la posibilidad de salvar a Cuba, y tengan la firme voluntad de salvarla, contra todas las asechanzas, de dentro y de fuera. Hombres que no fíen la solución de los problemas urgentes de la patria al advenimiento de un nuevo orden social, que además de ser todavía problemático, escapa a las posibilidades reales e internacionales de Cuba, de modo tal que la confianza en él equivale a negarles a los cubanos la posibilidad de regular sus propios destinos, dentro de la inevitable interdependencia económica del mundo moderno.

El ABC cuenta con hombres de esta aptitud y de este criterio.

No les mueven ambiciones bastardas de mando y de provecho; pero sí la noble ambición de servir a Cuba. Se han templado en la escuela de abnegación y de sacrificio, a veces heroico, que la acción del ABC ha necesitado. Han probado ya estar dispuestos a sacrificar el bienestar y la vida si es menester, con tal de labrarle a Cuba un porvenir fecundo y digno.

Estos hombres son el núcleo que la gran fuerza nueva que hoy se moviliza para la reivindicación nacional. Necesitan de la ayuda de todos los buenos cubanos; de todos aquellos que no hayan dejado morir en sí mismo, la llama de la fe cívica y las urgencias del decoro humano; de todos los que sean jóvenes de espíritu y estén asfixiados por el ambiente de vejez que en Cuba se respira; de todos los que, habiendo heredado el ensueño de una patria modelo, han tenido que contemplar el largo espectáculo de una república corrompida; de todos los que no han podido hasta ahora ejercitar su ciudadanía, por habérselo impedido las maniobras electorales, o por no haber querido concurrir a las farsas mercenarias que han profanado sistemáticamente los comicios.

El ABC, no es un movimiento contra Machado en particular, ni exclusivamente contra la tiranía odiosa que él mantiene. Es una reacción contra el sistema tradicional que él representa y que ha hecho posible su despotismo. Con el cúmulo nefando de vejaciones y dolores que Machado le ha impuesto a Cuba, le ha prestado también, contra su voluntad, el servicio de haber concitado, por la misma, violencia de su mano criminal la indignación unánime de todo un pueblo que ya no parecía tener fuerzas más que para la reprobación silenciosa y sumisa. Machado ha levantado contra sí, todas las reservas del decoro y todas las fuerzas de la desesperación.

Entre ellas ha surgido el ABC, como una falange secreta de guerra a la tiranía, pero también al sistema de acciones y de omisiones que la ha engendrado. En el Machadato, ese sistema ha tenido su culminación, pero también un límite. Con él, la inepcia se ha hecho alarde; la desvergüenza se ha hecho cinismo; la incultura se ha hecho barbarie y el error se ha hecho crimen.

Infundamos en el ambiente de Cuba, la convicción de que es ya un deber sagrado e indeclinable de todos los ciudadanos honrados, concentrar sus voluntades en un esfuerzo decisivo, para evitar que en el futuro pueda ningún otro déspota ponerle el pie sobre la nuca a todo un pueblo.

Esto solo se evitará creando ahora, en este momento de revolución y de crisis profundas, los órganos y funciones de defensa que necesita una vida civil honrosa. Este empeño requiere la ayuda de todos. Ya nadie podrá eximirse de participar en él. Mientras no hubo en Cuba un movimiento honrado de opinión, suficientemente organizado para la acción efectiva, el abstencionismo frente a la vida pública pudo tener alguna excusa. Pero ya el ABC está en la nueva manigua, y nadie podrá rehuir su concurso, sin hacerse cómplice del crimen. La pasividad de los cubanos decentes, ahora, sería una patente de corso concedida al pillaje y a la tiranía.

El ABC, llama a sus filas a todos los cubanos de manos limpias. A los que hayan sufrido, en la carne o en el espíritu el latigazo del déspota, y a los que, indemnes, de esa garra homicida, no se resignan a ver cada día más ensombrecidos los horizontes de la patria, en que hemos de seguir viviendo nosotros, y nuestros hijos, y los hijos de nuestros hijos.

Martí auguró que después de la Independencia tendría que hacerse la guerra por la libertad. ¡Esta es la nueva guerra! ¡Marchemos todos juntos a la conquista de una patria libre, próspera y honrosa! ¡Reivindiquemos nuestra economía perdida! ¡Nacionalicemos a Cuba! ¡Desterremos para siempre de la vida pública la estulticia y la corrupción! ¡Saquemos del altar de la Patria a quienes lo han tomado de pedestal para su soberbia, y llevemos a él la ofrenda de sacrificio de las manos nuevas, de las manos limpias!

¡EL ABC, ES LA ESPERANZA DE CUBA! ¡JUNTOS TODOS BAJO LA BANDERA DEL ABC!

Muchos dicen que son del ABC, pensando en medrar a la sombra de su gloriosa bandera que representa la conciencia Nacional.

¡SE ENGAÑAN!

Otros no dicen nada pero actúan por sus principios; ellos lo son.

Necesitamos reclutar verdaderos hombres con entereza de carácter y fortaleza moral, no importa su posición social y económica, son los únicos valores positivos en las filas abecedarias.

Pueblo, los hombres inteligentes pero sin principios morales, son peores que las epidemias.

Descúbrelos, Repúdialos, Aíslalos.

TÚ LOS CONOCES.

Libros a la carta

A la carta es un servicio especializado para
empresas,
librerías,
bibliotecas,
editoriales
y centros de enseñanza;
y permite confeccionar libros que, por su formato y concepción, sirven a los propósitos más específicos de estas instituciones.

Las empresas nos encargan ediciones personalizadas para marketing editorial o para regalos institucionales. Y los interesados solicitan, a título personal, ediciones antiguas, o no disponibles en el mercado; y las acompañan con notas y comentarios críticos.

Las ediciones tienen como apoyo un libro de estilo con todo tipo de referencias sobre los criterios de tratamiento tipográfico aplicados a nuestros libros que puede ser consultado en Linkgua-ediciones.com.

Linkgua edita por encargo diferentes versiones de una misma obra con distintos tratamientos ortotipográficos (actualizaciones de carácter divulgativo de un clásico, o versiones estrictamente fieles a la edición original de referencia).

Este servicio de ediciones a la carta le permitirá, si usted se dedica a la enseñanza, tener una forma de hacer pública su interpretación de un texto y, sobre una versión digitalizada «base», usted podrá introducir interpretaciones del texto fuente. Es un tópico que los profesores denuncien en clase los desmanes de una edición, o vayan comentando errores de interpretación de un texto y esta es una solución útil a esa necesidad del mundo académico.

Asimismo publicamos de manera sistemática, en un mismo catálogo, tesis doctorales y actas de congresos académicos, que son distribuidas a través de nuestra Web.

El servicio de «libros a la carta» funciona de dos formas.

1. Tenemos un fondo de libros digitalizados que usted puede personalizar en tiradas de al menos cinco ejemplares. Estas personalizaciones pueden ser de todo tipo: añadir notas de clase para uso de un grupo de estudiantes, introducir logos corporativos para uso con fines de marketing empresarial, etc. etc.

2. Buscamos libros descatalogados de otras editoriales y los reeditamos en tiradas cortas a petición de un cliente.